D1724779

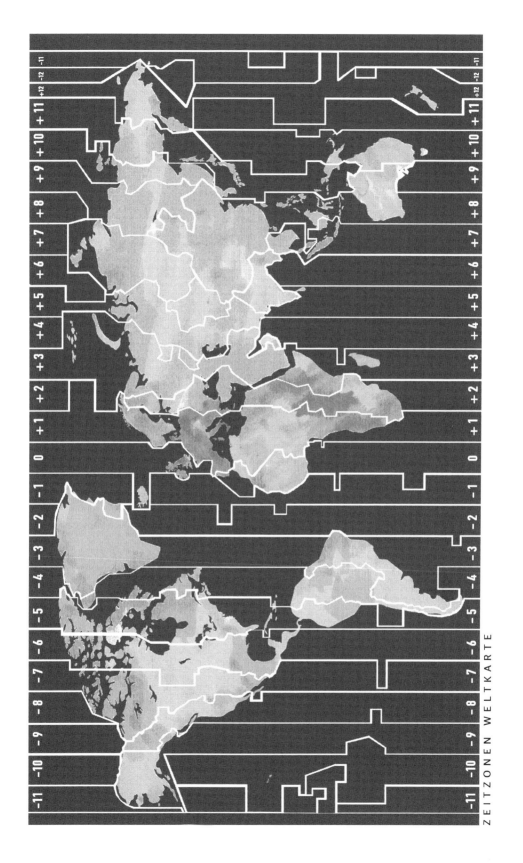

ZEITZONEN WELTKARTE

REISEZIEL(E):

WISSENSWERTES ZU REGION UND KULTUR:

PACKLISTE

BUCKET-LIST

- [ ]
- [ ]
- [ ]
- [ ]
- [ ]
- [ ]
- [ ]
- [ ]
- [ ]
- [ ]
- [ ]
- [ ]
- [ ]
- [ ]
- [ ]
- [ ]
- [ ]
- [ ]
- [ ]
- [ ]
- [ ]
- [ ]
- [ ]
- [ ]
- [ ]
- [ ]
- [ ]
- [ ]
- [ ]
- [ ]
- [ ]
- [ ]

BUDGET

TOTAL:	TOTAL:

ORT: DATUM:

ORT: DATUM:

ORT: DATUM:

ORT: DATUM:

ORT: DATUM:

ORT: DATUM:

ORT: DATUM:

ORT: DATUM:

ORT: DATUM:

ORT: DATUM:

ORT: DATUM:

ORT: DATUM:

ORT: DATUM:

ORT: DATUM:

ORT: DATUM:

ORT: DATUM:

REISEZIEL(E):

WISSENSWERTES ZU REGION UND KULTUR:

PACKLISTE

BUCKET-LIST

BUDGET

TOTAL: | TOTAL:

ORT: DATUM:

ORT: DATUM:

ORT: DATUM:

ORT: DATUM:

ORT: DATUM:

ORT: DATUM:

ORT: DATUM:

ORT: DATUM:

ORT: DATUM:

ORT: DATUM:

ORT: DATUM:

ORT: DATUM:

ORT: DATUM:

ORT: DATUM:

ORT: DATUM:

ORT: DATUM:

ORT: DATUM:

ORT: DATUM:

ORT: DATUM:

ORT: DATUM:

ORT: DATUM:

ORT: DATUM:

ORT: DATUM:

ORT: DATUM:

ORT: DATUM:

ORT: DATUM:

Printed in France by Amazon
Brétigny-sur-Orge, FR

16535902R00071